Made in the USA
Las Vegas, NV
16 January 2023

65730359R00070